INDICATION,

PAR ORDRE DE DATES,

De plusieurs actes de Législation, de Juris-prudence & d'Administration, relatifs aux Priviléges de Librairie.

EXTRAIT d'un Réglement de l'Uni-versité de Paris, de 1323.   1323.

Item nullus Stationarius * denegabit exemplaria alicui, *etiam volenti per illud aliud exemplar facere.*

» Les Priviléges, dit l'Auteur de l'O-
» rigine de l'Imprimerie, page 206 de
» l'Edition de 1694, étoient inconnus
» aux premiers Imprimeurs, ainsi
» qu'aux Ecrivains, avant la découverte
» de l'Imprimerie. Ce fut Erasme qui

---

* *Nota.* Avant l'invention de l'Imprimerie, on ne pouvoit se procurer de copie des Ouvra-ges, que par la voie des Ecrivains.... Ces Ecri-vains s'appelloient Stationnaires, & l'Univer-sité exerçoit la police sur eux, ainsi que sur les Libraires.

A

Q

» en donna l'idée à la Cour de l'Empe-
» reur, en faveur de Jaen Frobin.

· Lettres d'Erafme à Bilibaldus Parchei-
merus, datée de Bâle, le 28 Janvier
1522.

» Plerique infidiantur homini propè
» modum conjurati, ne illum perdant.
» Ubi quid novi operis prodit, quod
» putent fore vendibile, mox unus at-
» que alter suffuratus ex ipsius officina
» exemplar excudit, ac venditat mini-
» mo. Interim Frobenius immenfam
» pecuniam impendit, in caftigatores fre-
» quenter & in exemplaria huic ini-
» quitati facile succuretur, fi fiat impe-
» ratorium edictum, ne quis librum pri-
» mum à Frobenio excuffum, aut cui
» fit aliquid ab autore additum excu-
» dat, intrà biennium. Tempus longum
» non eft «. Officina Frobeniana vel ob
hoc favore digna eft, quod nihil ex
eâ prodit ineptum, aut feditiofum.

<table>
<tr><td>22 Mai
1521.
Edition de
Paris.</td><td>Arrêt du Parlement de Paris, fur la Requête de Pierre Viard, Libraire, qui demandoit qu'il plût à la Cour lui permettre d'imprimer la nouvelle Addi-tion & Ampliation de l'Hiftoire de Ga-quin ; & défenfes être faites à tous au-</td></tr>
</table>

tres de vendre ledit Gaquin, *avec ladite Addition & Ampliation*, d'autre impreſſion que celle dudit Suppliant, juſqu'à tel temps qu'il plairoit à ladite Cour, *afin qu'il ſe pût recouvrer des frais & miſes qu'il lui auroit convenu faire pour recouvrer & faire imprimer ledit Livre.*

La Cour a permis & permet audit Pierre Viard, Libraire, imprimer ou faire imprimer ladite Hiſtoire de Gaquin, *avec ladite nouvelle Addition* ; & fait ladite Cour défenſes à tous Libraires quelconques, autres que ledit Viard, d'imprimer ledit Livre, *juſqu'à deux ans après, en ſuivant la perfection de ladite impreſſion*, ſur peine de confiſcation & d'amende arbitraire.

Privilége accordé par François pre-mier, pour l'impreſſion du *Roſier Hiſ-torial de France*, à François Regnaud, Libraire juré en l'Univerſité de Paris. **23 Mars 1522.**

» Avons donné audit Regnaud per-
» miſſion de réimprimer ledit Livre, &
» Privilége exprès, que autres Libraires
& Imprimeurs ne puiſſent imprimer
» ou faire imprimer ledit Livre, *de quatre*
» *ans à venir.*

A 2

Arrêt du Parlement de Paris, portant Permission à Galliot Dupré, pour l'impression de la Chronique & Histoire de Louis XI, par Philippe de Commines.

Vu par la Cour la Requête, &c. la Cour a permis audit Galliot Dupré imprimer & vendre ledit Abrégé de Chronique, *jusques à deux ans*, à prix compétent & raisonnable. Fait inhibition à tous Libraires, &c. de ne imprimer ne vendre, *durant ledit temps de deux ans*, ledit Ouvrage, sur peine de confiscation & d'amende arbitraire. Fait en Parlement, le 3 Février 1523.

Signé, Du TILLET.

» Privilegium Pauli Æmilii Veronen» sis, » impetratum à Senatu Parisiensi.

» Cùm Michael Vascosanus, Chalco» graphus, postulasset à Senatu, ut de » editione Pauli Æmilii de rebus gestis » Francorum, cùm Chronicâ, sibi Pri» vilegium irrogaretur, autoritate Se» natoriâ, de eâ re Senatui placuit, Pri» vilegium sanciri in Vascosani postu» lationem; eamque ob rem Senatus vo» luit interdictum omnibus hujus Libri » impressione, *biennio proximo ab edi» tione, præter quam ipsi Vascosano.*

Lettres-Patentes du Roi, par lesquelles il est défendu à tous Imprimeurs & Libraires à Paris, de non imprimer, ne faire imprimer, ne exposer en vente un Livre intitulé, *Novum Jesu-Christi Testamentum*, &c. lequel Livre a été corrigé, & additionné en marge d'annotations très-utiles; *jusqu'au bout & terme de six ans venants, ensuivants & consécutifs*, &c. sinon par le congé & permission de Charlotte Guillard, vefve de Claude Chevaillon, & de Sébastien Nivelle, Imprimeurs-Libraires à Paris, à peine, &c.

22 Avril 1551. Edition de Paris de 1554.

Lettres-Patentes du Roi.

»Par grace spéciale, pleine puissance
»& autorité royale, a été donné & oc-
»troyé à Michel de Vascosan, Impri-
»meur & Libraire juré en l'Université
»de Paris, Privilége, *pour le temps &*
»*terme de dix ans*, pour tous les Livres
»que ledit de Vascosan imprimera ci-
»après, lesquels n'auront été aupara-
»vant imprimés en ce Royaume, *&*
»*six ans pour ceux lesquels auront été*
»*par lui restitués & illustrés de notables*
»*corrections, augmentations & additions*, à
»commencer du jour & date de la premie-

11 Février 1553. Scaliger, édition de Paris de 1557.

» re impreſſion de chacun deſdits Livres ;
» que nul en ce Royaume, pays, terres
» & ſeigneuries, puiſſe, pendant & du-
» rant ledit temps, imprimer, faire impri-
» mer, vendre & débiter les Livres par
» lui ainſi corrigés, amendés & impri-
» més, *juſques après ledit temps fini &*
» *accompli*, avec inhibition & défenſes
» à tous autres d'aucune choſe attenter
» contre ledit Privilége, à peine, &c.

<table>
<tr><td>10 Juin
1557.
Edition
d'Avignon
de 1567.</td><td>

Lettres-Patentes du Roi,
» Par leſquelles il eſt permis à M^e
» Louis Maſſe, Docteur & Avocat en
» la Court de Parlement du pays de
» Provence, faire imprimer les Statuts
» dudit pays, par lui colligés, & plu-
» ſieurs Commentaires par icelui com-
» poſés ſur leſdits Statuts : inhibé & dé-
» fendu à tous Libraires, Imprimeurs
» ou Marchands, d'imprimer ou faire
» imprimer, ne expoſer en vente leſ-
» dits Statuts & Commentaires, dedans
» le Royaume de France & Comté de
» Provence, *durant le temps & terme de*
» *huit ans*, à compter du jour & date
» de la premiere impreſſion, ſur peine
» d'amende arbitraire, & confiſcation
» des Livres.</td></tr>
</table>

Arrêt de la Cour du Parlement du pays de Provence, publié à la Barre, le 20 Mai 1557, par lequel sont faites inhibitions & défenses à tous qu'il appartiendra, vendre dans ledit pays de Provence lesdits Statuts du pays, colligés en forme de Livre par ledit Masse, ne les Commentaires sur iceux par lui composés, sans son vouloir & exprès consentement, sur la peine contenue audit Arrêt. *Signé* FABRE.

Privilége donné par le Parlement.

» La Court, oy le Procureur-Général » du Roi, ce requérant, a permis & per- » met à Calliot Dupré, Libraire juré en » l'Université de Paris, d'imprimer & » vendre un Livre par lui nouvellement » recouvert, qui est le Style ancien de la » Court, augmenté de plusieurs Arrêts » d'icelle, nouvellement revu & corrigé » par Me Charles du Molin, Avocat » en ladite Cour, & ce, *jusqu'à six* » *ans prochainement venants*, &c. &c. » Défendant à tous autres Libraires & » Imprimeurs de ce ressort, de ne im- » primer ne exposer en vente ledit Li- » vre, sur peine de confiscation desdits » Livres, & d'amende arbitraire.

3. Septembre 1548.

Ancien style du Parlement de Paris.

Edition de Paris de Septembre 1558.

A 4

12 Août 1576.
Edition de Lyon de 1576.

Lettres-Patentes du Roi scellées du grand Sceau ;

» Par lesquelles il est permis à Jacques » Dupuis , Marchand Libraire juré en » l'Université de Paris , d'imprimer ou » faire imprimer six livres de la Républi- » que de Me Jehan Bodin , & défenses à » tous autres Libraires & Imprimeurs » d'imprimer ou faire imprimer lesdits » Livres , *pendant le temps & terme de* » *dix années.*

28 Avril 1578.
Rapporté dans les Conférences de Guefnoys.

Arrêt du Parlement qui défend aux Imprimeurs & Libraires d'obtenir aucu- ne prolongation de privilége , pour l'impression des Livres.

24 Mars 1578.
Edition de Paris de 1579.

Privilége accordé par le Roi Henri III , à Sébastien Nivelle , pour l'im- pression du Sommaire de l'Histoire des François.

» Le Roi permet à Sébastien Nivelle , » Libraire, d'imprimer ledit Sommaire, » &c. faisant défenses à tous autres de » ne l'imprimer , ne vendre *devant cinq* » *ans* , à compter du jour que ledit Livre » aura été achevé d'imprimer , sur les » peines portées auxdites Lettres-Paten- » tes. Donné à Paris le 24 Mars 1578, » par le Roi, BRULART , enthérinées » par Arrêt de la Cour de Parlement , » 17 Juin 1578 , DU TILLET.

Arrêt du Parlement de Paris.

Entre Jacques Dupuis & Gilles Beys, Marchands Libraires Jurés en l'Univerſité de Paris, oppoſans à l'exécution de certaines Lettres-Patentes, en forme de prétendu Privilége, données à Paris le ſeptieme jour de Février dernier paſſé, obtenues par Nicolas Ninelle, auſſi Marchand Libraire en ladite Univerſité de Paris, portant Privilége & Permiſſion audit Ninelle, d'imprimer le livre intitulé : *L. Amicus Seneca, à , M. A. Mureto correctus , & notis illuſtratus* , imprimé nouvellement à Rome, & encore oppoſans à l'exécution de l'Arrêt de ladite Cour, le onzieme jour dudit mois de Février enſuivant , portant l'enthérinement deſdites Lettres-Patentes , & demandeurs & requérants l'enthérinement d'une Requête par eux préſentée à ladite Cour, le vingt-ſixieme jour dudit mois de Février auſſi dernier paſſé, & défendeurs , & empêchant l'enthérinement d'une autre Requête, du premier jour du préſent mois de Mars dernier paſſé, d'une part ; & ledit Nicolas Ninelle, Marchand Libraire, demandeur en exécution deſdites Lettres-Patentes & Arrêt , & à l'enthérinement de ladite Requête dudit

premier jour de ce préſent mois de Mars
dernier paſſé , & défendeur & empêchant l'enthérinement de ladite Requête
dudit vingt-ſixieme jour de Février
dernier paſſé , d'autre ; après que Marion
pour leſdits Dupuis & Beys , & Chopin
pour ledit Nicolas Ninelle , ont été ouis ,
enſemble , FAGE pour le Procureur-
Général du Roi : LA COUR ayant
égard à l'oppoſition formée par leſdits
Dupuis & Beys , ordonne que l'exemplaire du livre de Sénecque , corrigé ,
illuſtré par défunt Mᵉ Anthoine Marc
de Muret , apporté de Rome , pourra
être imprimé par leſdits Dupuis &
Beys.

<table>
<tr><td>8 Mars
1595.
Edition
de Paris de
1596.</td><td>Lettres-Patentes du Roi, portant pri-
vilége pour dix ans à Guillaume Chau-
diere , pour imprimer , vendre & diſ-
tribuer la Conférence des Coutumes ,
tant générales que locales & particulie-
res du Royaume de France , par Pierre
Gueſnoys , avec défenſes à tous autres pen-
dant ledit temps. Sur » l'expoſé dudit Chau-
»diere , qu'il lui coûte jà de grands frais ,
» & coûtera encore pour l'impreſſion d'i-
»ceux … que ladite Conférence eſt am-
»plifiée du quart ou environ , &c.</td></tr>
</table>

Enregiſtrement deſdites Lettres - Pā-
tentes au Parlement, le 27 Août 1595.

» Vu par la Cour , concluſions du
» Procureur - Général du Roi , ladite
» Cour ayant égard auxdites Lettres ,
» & icelles entérinant , a ordonné &
» ordonne que ledit Chaudiere , impé-
» trant , jouira du privilége mentionné
» en icelles, *pour le temps & terme y con-
» tenu* , & a fait & fait inhibition & dé-
» fenſes à tous autres de le troubler & em-
» pêcher, ſur les peines portées par leſ-
» dites Lettres. *Signé* , DUTILLET.

Enregiſtrement au Châtelet de Paris ,
du 26 Juin 1595.

» Vu le conſentement du Procureur
» du Roi , il eſt ordonné que les Lettres-
» Patentes du Roi , ci-attachées , obte-
» nues par l'Impétrant , ſeront regiſtrées
» ès regiſtres du Châtelet. *Signé* ,

SEGUIER.

Privilége à Jean Houzé pour faire imprimer *le grand Coutumier de France*, avec
les notes de Charondas.

» Et ſont faites défenſes à tous Librai-
» res, Imprimeurs & autres que ceux qui
» auront permiſſion & puiſſance dudit
» Houzé, de quelqu'état & condition qu'ils
» ſoient, d'imprimer ou faire imprimer,

7 Février
1598.
Edition
de Paris de
CIƆ IƆ IIƆII.

A 6

» vendre ni diſtribuer ledit livre & grand
» Coutumier , d'autre impreſſion que de
» ceux que ledit Houzé aura fait impri-
» mer ; & ce *juſqu'au temps & terme de dix*
» *ans finis & accomplis* , &c. ſur peine de
» quatre cents écus d'amende , de la-
» quelle moitié appartiendra au De-
» mandeur , & l'autre moitié applicable
» aux Pauvres , & ce , ſur peine de con-
» fiſcation des Exemplaires qui ſeront
» trouvés être faits par autres & ſans
» le conſentement de l'Expoſant.

1607.   Privilége accordé pour les Œuvres de
Dargentré. » Ne quis cujuſve ſtatus aut
» conditionis Typis mandet Bertrandi
» Dargentré Commentarios , &c. præter
» N... Buon , *intrà decennium.*

16 Juillet   Privilége pour les Edits & Ordon-
1608.   nances de Fontanon , accordé à cauſe
   Edition des grandes dépenſes , frais & miſes faits
de Paris de & à faire , &c. aux nommés Morel,
1611.   Orry , Chappelet , Fouet , Buon &
Cramoiſi , *pendant le terme de dix ans,*
avec défenſes à tous autres , à peine , &c.

19 Mars   Privilége accordé *pour dix ans* , pour
1609.   l'impreſſion de l'Office de la Vierge , en
grec & latin , avec défenſes à tous Imprimeurs de l'imprimer *juſqu'après ledit*
temps accompli.

Lettres-Patentes,

Par lesquels il est permis à Antoine Meynier, d'imprimer un Livre intitulé *Petri Rat. Pictavensis Decurionis*, &c. avec défenses à tous autres, d'imprimer le même ouvrage, & ce, *jusqu'au temps & terme de six ans.*

24 Juin 1609.
Edition de Poitiers de 1609.

Lettres-Patentes de Privilége au sieur de Villars, pour une nouvelle édition & ampliation des Mémoires de Villars, &c. *sans que pendant le temps & terme de six ans, aucun autre puisse imprimer ou faire imprimer ledit ouvrage, &c.*

21 Mai 1610.
Edition de Lyon de 1610.

Arrêt du Parlement de Rouen, entre le sieur de Pradel & la Communauté des Libraires de la même ville;

» Par lequel est permis audit Pradel » d'user de son Privilége pour le regard » de la derniere Edition revue & corri- » gée, *sans préjudice de la premiere Edi- » tion, de laquelle le Privilége est expiré,* » laquelle lesdits Imprimeurs & Libraires » de ladite ville pourront imprimer, ven- » dre & distribuer.

9 Juillet 1610.

Arrêt du Conseil, entre Pierre Mé- tayer & Louis Eve, Imprimeur & Re- lieur ordinaires du Roi, & la Commu- nauté des Libraires de Paris, les Rec-

23 Décem- bre 1611.

teur, Doyen & Suppôts de l'Université
de Paris, reçus Parties intervenantes ;

Par lequel le Privilége accordé auxdits Métayer & Eve est révoqué, &
défenses faites à tous Libraires, Imprimeurs & autres, *de poursuivre à l'ave-
nir aucune prorogation ou nouveau privilége d'imprimer* ....

19 Septem-
bre 1615.

Arrêt du Parlement de Rouen, entre la Communauté des Libraires de
ladite ville, & Nicolas Renouard ;

Par lequel il est permis auxdits Libraires & Imprimeurs d'imprimer,
vendre & débiter le Livre dont il est
question, suivant *la premiere Copie &
Exemplaire, dont le Privilége étoit expiré.*

15 Mai
1617.

Jugement souverain des Maîtres des
Requêtes de l'Hôtel, qui juge la même
chose que l'Arrêt du Parlement du 28
Avril 1578 ci-dessus, contre Devarren-
nes & Dubray, pour l'impression de la
premiere & seconde Parties de l'Astrée
du Seigneur d'Urfé.

19 Août
1617.

Arrêt du Parlement, par lequel il
fut dit que la veuve Langelier, qui
avoit obtenu une prolongation de son
Privilége pour Séneque, auroit seule-

ment un délai de six mois, *après lequel permis à chacun d'imprimer & vendre concurremment le Livre privilégié.*

Statuts de la Communauté des Libraires & Imprimeurs de Paris, présentés par dix-huit Députés nommés par la Librairie de Paris, & par Sentence du Châtelet, à l'effet d'en dresser le projet ; lesquels Statuts, après l'avis approbatif du Châtelet, furent confirmés par des Lettres – Patentes du mois de Juin 1678, & vérifiés au Parlement par Arrêt du 9 Juillet suivant.

L'article 33 desdits Statuts porte, qu'il sera défendu à tous Imprimeurs, Libraires & Relieurs, de contrefaire les Livres desquels il y aura Privilége obtenu, même d'en acheter aucuns, ainsi contrefaits, de Marchands forains, ni d'en faire venir en aucune forme & maniere que ce soit, sur les peines portées par les Priviléges. Aussi sera défendu à tous Imprimeurs, Libraires & Relieurs de Paris, *d'obtenir aucunes prolongations de Privilége pour l'impression des Livres, s'il n'y a augmentation aux Livres desquels les Priviléges sont expirés.*

L'article 77 des Statuts & Regle-

1618.
Rapportés dans la conférence des Ordonnances de Guesnoys.

1620.

ments des Libraires & Imprimeurs de
Paris, rapporté dans la Conférence de
Guesnoys, porte : » Est pareillement dé-
» fendu à tous Imprimeurs & Libraires
» d'obtenir aucunes prolongations de
» Priviléges pour l'impression des Li-
» vres, *s'il n'y a augmentation aux Li-*
» *vres dont les Priviléges sont expirés.*

L'article 78 porte, que dès qu'un Livre *a été une fois publié* ou imprimé
hors le Royaume, aucun ne peut obtenir un Privilége particulier pour l'imprimer.

2 Juin 1622.   Jugement souverain des Maîtres des
Requêtes de l'Hôtel, entre Dufossé,
Libraire à Paris, David Dupetitval &
autres, & la Communauté des Libraires de Rouen;

Par lequel lesdits Libraires de Rouen
sont reçus opposants à l'exécution des Lettres de Privilége obtenues par le sieur
Debesse, cession & transport fait audit
Dufossé, & à la vérification; & il leur
est permis d'imprimer, vendre & débiter les Œuvres mentionnées aux précédentes Lettres de Privilége dudit sieur
Debesse, *jà imprimées.*

29 Mai 1643.   Privilége accordé à M. le Docteur
Arnaud, pour l'impression de la Fré-

quente Communion, par tel Imprimeur qu'il voudra choisir, *pendant vingt ans*, avec défenses à tous autres Imprimeurs d'imprimer ledit livre, *durant lesdits vingt ans*.

Privilége pour l'Histoire de France de Mézerai, accordé à Matthieu Guillemare, Libraire à Paris, à cause de ses grands frais & dépenses, *pour le temps & espace de vingt ans*, avec défenses à tous autres, *pendant ledit temps*, à peine, &c. 13 Juin 1643.

Summa Privilegii Regis Christianissimi, Ludovicus XIV, sanxit, Ne quis. . . *intrà decennium* imprimat seu Typis . . . .» curet & venale habeat opus quod » inscribitur : Ambrosii Calepini Dictio- » narium octolingue. . . . præter Anto- » nium Berthier. . . . . prohibuit insu- » per, &c. 14 Juin 1644.

Privilége accordé à Justel, pour l'impression de son Histoire de la Maison d'Auvergne, *pendant vingt ans*, avec défenses à tous autres Imprimeurs, d'imprimer ledit Livre *durant lesdits vingt ans*. 28 Septembre 1644.

Lettres-Patentes de Privilége, au sieur Guillaume Ribier, pour ses Mémoires, 4 Juillet 1650.

Edition de Paris de 1677. *pendant le temps & espace de dix ans,* avec défenses à tous autres d'imprimer ou faire imprimer ledit Livre, *durant ledit temps.*

7 Septembre 1657. Arrêt du Parlement de Paris, entre les Communautés des Libraires de Paris & de Rouen, qui défend, par Réglement général, d'obtenir des continuations de Priviléges, *à moïns qu'il n'y ait dans le Livre augmentation d'un quart.*

26 Août 1658. Privilége pour les Œuvres de Loyseau, accordé à Antoine Etienne, *pendant le temps de neuf ans,* avec défenses à tous autres, *pendant ledit temps,* à peine, &c.

9 Novembre 1662.
Edition de Paris de 1663. Lettres-Patentes de Privilége, à Louis Billaine, pour l'impreffion & vente de l'Hiftoire de Charles VI, Roi de France, écrite par un Auteur contemporain, Religieux de l'Abbaye de S. Denis, illuftrée par M. le Laboureur, avec défenses à tous autres de l'imprimer, ou faire imprimer, vendre & débiter tout ou partie, d'autre impreffion que de celle dudit Billaine, *pendant le temps de quinze années,* &c.

27 Février 1665. Arrêt du Conseil, portant Réglement fur les Priviléges & continuation

d'iceux, pour l'impreſſion & réimpreſ-
ſion de Livres, tant anciens que nouveaux, pour les villes de Paris, Lyon,
Rouen, &c.

Par lequel il eſt dit, entr'autres choſes :
Il eſt fait défenſes à toutes perſonnes
d'imprimer aucun Livre nouveau, ſans
Lettres-Patentes ſignées & ſcellées du
grand ſceau, conformément à la Décla-
ration de 1622, ſous les peines portées
par icelle ; même aucuns des anciens
Auteurs, encore qu'il n'y ait rien d'a-
jouté aux Textes, Gloſes ou Commentaires, ſans permiſſion du Juge Royal dans
le reſſort duquel leſdits Imprimeurs ſont
domiciliés, à peine d'être procédé con-
tr'eux extraordinairement.

» Ordonne que ceux qui auront obtenu
» des Lettres de Privilége pour impri-
» mer, & voudront en obtenir des conti-
» nuations, pour ſe récompenſer de leurs
» avances, frais & travail, ou autrement,
» ſeront tenus de ſe pourvoir parde-
» vant S. M. pour cet effet, un an avant
» l'expiration des Lettres. Leur fait S. M.
» défenſes d'en demander ni obtenir
» après ledit an paſſé ; enſemble, de de-
» mander *aucunes Lettres, Privilége ou*
» *continuation pour imprimer les Auteurs*

» anciens, à moins qu'il n'y ait augmen-
» tation confidérable ou correction, fans
» que pour ce fujet il foit défendu aux
» autres d'imprimer les anciennes éditions,
» non augmentées ni revues ; & en cas
» qu'elles foient obtenues ci - après,
» demeureront nulles.

» Ordonne néanmoins que ceux qui
» auront obtenu des Lettres de conti-
» nuation de Priviléges, feront tenus
» de les faire fignifier aux Syndic, Ad-
» joints, ou Maîtres & Gardes des Librai-
» res de Lyon, Rouen, Touloufe, Bor-
» deaux & Grenoble feulement, afin
» que nul n'en prétende caufe d'igno-
» rance, & ne puiffe imprimer & con-
» trefaire lefdits Livres, fous prétexte
» de l'expiration dudit Privilége.

11 Septem-
bre 1665. Arrêt du Confeil qui ordonne l'exécution de celui du 27 Février précé-
dent.

On trouve dans un Arrêt du Confeil,
du 31 Juillet 1673, dont le difpofitif
annonce un nouveau Réglement qui n'a
point été fait, trois Requêtes de la Librairie de Paris, alors unie d'intérêt
avec celles de Rouen, de Bordeaux &
de Touloufe, dont les Requêtes fe trou-
vent auffi dans le même Arrêt, pour
le même objet.

Dans la premiere Requête, les Syndic & Adjoints de la Librairie de Paris disent : qu'ayant eu avis que Frédéric Léonard avoit fait saisir quelques feuilles imprimées par Sébaſtien Martin, Imprimeur de ladite ville de Paris, des Epîtres de Saint François de Salles ; comme ces Œuvres étoient devenues *publiques, & qu'en cette qualité, la faculté de les imprimer étoit acquiſe à tous Imprimeurs & Libraires, ſuivant les Statuts, Arrêts & Réglements du Parlement de Paris & du Conſeil*, ils furent obligés, pour *la conſervation de la liberté publique, & la manutention deſdits Statuts & Réglements*, d'intervenir en l'Inſtance pendante entre leſdits Léonard & Martin, & à cet effet de produire leſdits Statuts & Réglements qui *ſont formels en faveur de la liberté publique.* Mais que comme l'affaire a été rapportée ſans voir les pieces, ils ſont forcés de ſe pourvoir en caſſation contre l'Arrêt du 12 Mars dernier ; (Arrêt qui avoit jugé la ſaiſie faite par Léonard valable ;) *Arrêt qui eſt d'une telle conſéquence pour le Public, que s'il pouvoit ſubſiſter, il ruineroit tout ce qu'il y a d'Imprimeurs & Libraires dans Paris & ailleurs, & renverſeroit ce qu'il*

y a de plus inviolable & de plus impor-
tant dans les Statuts de leur Communauté,
dont ledit Léonard profiteroit seul, à la
ruine de tous les autres &c, &c.

Dans la seconde Requête, les mêmes Syndic & Adjoints de la Librairie de Paris, rappellent l'article 78 de leurs Statuts enregistrés au Parlement, qui porte que depuis qu'un Livre a été fait public ou imprimé hors le Royaume, aucun ne peut obtenir un Privilége particulier pour l'imprimer ; ce qui, ajoutent-ils, a été confirmé par plusieurs Arrêts & Réglemens solemnels & contradictoires, *tant du Conseil, du 27 Avril 1578, 13 Août 1579, 14 Mars 1583, 23 Décembre 1611, & 27 Février 1665, que des Requêtes de l'Hôtel, Juges Souverains en cette partie, du 5 Mai 1617, & du Parlement de Paris, du 28 Avril 1578, 3 Août 1579, 15 Mars 1586, 2 Juin 1603 & 19 Août 1617, & autres, &c. &c.*

Dans la troisieme Requête, on voit paroître de nouveaux Syndic & Adjoints de la Librairie de Paris, qui, suivant les erremens de leurs prédécesseurs, ne jugent pas à propos de convoquer une nouvelle assemblée de leur Communauté,

pour en défendre les Statuts & Réglements , *puifqu'on en a déjà fait une fur
ce fujet, dont les réfultats ont été fignés
par tous les Syndic & Adjoints , & par
tous les plus notables de la Communauté
qui y étoient préfents :* ils difent que l'ouvrage dont il s'agiffoit, *a été imprimé &
vendu publiquement par tous les Libraires & Imprimeurs du Royaume qui ont
voulu imprimer ou vendre fur les anciennes éditions , fans qu'on s'y foit jamais
oppofé , quoiqu'on eût de prétendus Priviléges ; mais que Léonard , qui ne garde
aucunes mefures pour s'enrichir , même au
préjudice de fes confreres ,* voyant que le
débit de l'Ouvrage devenoit plus confidérable , *s'eft avifé depuis peu de remplir
toutes fes intrigues , pour s'attribuer à lui
feul un droit qui eft commun à tous les
Libraires & Imprimeurs du Royaume ; &
par une entreprife tout-à-fait déraifonna-
ble , a fait faifir lefdits Ouvrages qu'im-
primoit ledit Martin fur les anciennes
Copies.* Les Syndic & Adjoints , difcu-
tant enfuite les titres de Léonard , con-
viennent qu'il avoit feul le droit d'imprimer l'ouvrage dont il étoit queftion,
*avec une table nouvelle , & des annotations
& citations en marge ;* mais à l'égard des

défenses que contient le Privilége de réimprimer *sur les anciennes & précédentes éditions*, ils soutiennent que cette cause ne peut subsister, étant contraire à l'article 78 des Réglements de leur Communauté, enregistrés en Parlement, & à l'Arrêt du Conseil du 27 Février 1665, donné en forme de Réglement. Ils ajoutent, qu'en supposant même que la continuation de Privilége eût été bien obtenue par Léonard, *ce qui n'est pas assurément*, il auroit toujours tort de vouloir ôter par ce prétexte aux autres Libraires & Imprimeurs du Royaume, la liberté d'imprimer sur les anciennes Copies, ainsi qu'en ont toujours joui les Imprimeurs, *tous ensemble, ou séparément, tant dans la ville de Paris, que celles de Lyon, Rouen, Bordeaux, Toulouse, Grenoble & autres, où il s'en imprime, & vend tous les ans, pour plus de cinquante mille écus, qui servent à la subsistance de la plus grande partie des plus pauvres Libraires & Imprimeurs, que l'on réduiroit à la derniere extrémité, si on les privoit de ce droit* qui leur est garanti par l'article 78 des Statuts, qui permet l'impression des anciennes éditions, comme étant devenues publiques.

publiques. Les Syndic & Adjoints s'op-
posent aux clauses contraires à cet article *par le droit de leur charge , comme
une surprise qui tend à les priver , eux &
tous les autres , des droits qui leur sont
acquis suivant leurs Statuts , & ledit Arrét
du Conseil. Les Communautés des Libraires
& Imprimeurs de Rouen , Bordeaux &
Toulouse , ont aussi donné leur Requéte
d'intervention , en cassation du prétendu
Arrét en faveur de Léonard , comme étant
contraire à leur droit , & comme devant ,
s'il étoit confirmé , causer la perte de leur
commerce , & la ruine de la plupart d'entr'eux.... C'est en vain* (observez que
c'est toujours la Communauté des Libraires & Imprimeurs de Paris qui par-
le ,) *que Léonard allegue que l'Arrét du
27 Février 1665 ne peut avoir d'effet
rétroactif , apparemment étant postérieur
aux Priviléges dont il s'agit : car le Réglement étant relatif auxdits Statuts des Libraires & Imprimeurs de Paris , & servant à
confirmer tous les autres Arréts & Réglements précédents , il s'ensuit qu'il doit
avoir son entiere exécution &c, &c ,&c.*

Permission donnée *pour trois ans ,* 27 Juillet
par le Lieutenant-Général de la Séné- 1666.
chaussée de Lyon , «sur la Requête pré-

B

» fentée à ladite Sénéchauffée *par trois*
» *Imprimeurs, qui demandent la permiffion*
» *de réimprimer les Œuvres de M. d'Olive,*
» *attendu que le Privilége accordé pour*
» *neuf ans, à Fameux, Libraire de Lyon*
» *le 23 Octobre 1655, eft expiré.* »

<table>
<tr><td>24 Décem-
bre 1671.
Edition
de Lyon de
1683.</td><td>Lettres-Patentes du Roi, par lefquel-
les il eft permis au P. Louis Maimbourg,
Religieux de la Compagnie de Jefus, de
faire imprimer un Livre qu'il a compofé
& intitulé, l'Hiftoire de l'Arianifme, &
ce, durant le temps & efpace de dix an-
nées, avec défenses à toutes perfonnes
d'imprimer ou faire imprimer ledit
Livre, fans le confentement dudit Pere,
fous les peines, &c.</td></tr>
<tr><td>Ibid.</td><td>Permiffion après l'expiration de ce
Privilége, « fur la requifition du fieur
» Pierre Bailly, à ce qu'il lui foit per-
» mis de faire imprimer le Livre intitu-
» lé, l'Hiftoire de l'Arianifme, par le P.
» Louis Maimbourg, attendu que le Pri-
» vilége accordé le 24 Décembre 1672,
» pour dix années, eft expiré : vu ledit
» Privilége, je confens pour le Roi, la
» permiffion requife, à Lyon le 21 No-
» vembre 1682. Signé, Vaginay. Permis
» d'imprimer ce 24 Décembre 1682.
» Signé, de Seye. »</td></tr>
</table>

Privilége accordé au sieur Baluze, 27 Décembre 1674. pour l'impression de ses Capitulaires des Rois de France, *pour vingt ans*, avec défenses à tous autres, à peine de dix mille livres d'amende &c.

Edition de Paris de 1677.

Ce Privilége a été enregistré, (est-il dit au bas d'icelui,) sur le Livre de la Communauté des Libraires-Imprimeurs de Paris, le 18 Janvier 1676, suivant l'Arrêt du Parlement du 8 Avril 1653, & celui du Conseil privé du Roi, du 27 Février 1665.

Privilége accordé à François Muguet, 22 Mars 1677. pour l'impression du Livre : *De concordiâ Sacerdotii & Imperii*, par Pierre de Marca, Archevêque de Paris, & des Ouvrages du sieur Baluze, *pendant l'espace de 50 années..... avec défenses à tous autres d'imprimer lesdits Ouvrages*, sans la permission dudit Muguet, sous prétexte d'augmentation, addition, correction, &c. & même de réimprimer lesdites Œuvres sur les anciennes copies, nonobstant le Réglement du 27e jour du mois de Février 1665, à ce contraire, auquel nous avons dérogé pour ce regard, à peine de dix mille livres d'amende, &c.

Edition de Paris de 1704.

Même mention, au bas de ce privilége, de son enregistrement sur le Li-

vre de la Communauté des Libraires &
Imprimeurs de Paris, le 12 Mai 1677,
fuivant l'Arrêt du Parlement du 8
Avril 1653 , & celui du Conſeil du
27 Février 1665.

21 No-
vembre
1678.
Rapporté
au commen-
cement du
premier vo-
lume de la
diſcipline
de l'Egliſe
du Pere
Thomaſſin.

Arrêt du Conſeil , dans lequel il eſt
dit , que François Muguet , Libraire &
Imprimeur de Paris , avoit obtenu le 22
Février 1672 , le Privilége pour l'impreſſion des Ouvrages de S. Auguſtin ,
& qu'en conſidération de la dépenſe , le
Roi lui avoit continué pluſieurs Priviléges , à lui ci-devant accordés : que les
Imprimeurs de Lyon ont formé oppoſition aux Lettres de continuation des
Priviléges , comme contraire au Réglement du 27 Février 1665 , auquel ſa
Majeſté avoit dérogé en ſa faveur.

Par lequel Arrêt , le Roi a ordonné
l'exécution des Lettres de continuation.

29 Avril
1679.

Privilége à Baluze pour l'impreſſion
de ſes *Miſcellanea* , *pendant vingt ans* ,
avec défenſes à tous autres Imprimeurs
d'imprimer ledit Ouvrage , *durant leſdits
vingt ans*.

9 Août
1680.

Permiſſion de réimprimer l'Homme
de Cour. » Sur la requiſition de Fran-
» çois Barbier , à ce qu'il lui ſoit per-

» mis de réimprimer le Livre intitulé :
» *L'Homme de Cour*, de Balthafard Gra-
» tian, traduit & commenté par le fieur
» Amelot de la Houffaye, *attendu que le*
» *Privilége, qui a été accordé pour fix*
» *années à Jean Boudot, le 25 Février*
» *1584, eft expiré.* Vu ledit Privilége, je
» confens pour le Roi la permiffion re-
» quife. A Lyon, le 22 Juillet 1690.
Signé, VAGINAY, Procureur du Roi.
Permis d'imprimer ce 9 Août 1690.
Signé DE SEVE, Lieutenant-Général.

Edit du mois d'Août *.

Art. *66*. Aucun Libraire, ou Impri-

---

* On trouve cet article, page 263 du Code
de la Librairie ; mais il paroît fort douteux que
cet Edit ait exifté, puifqu'on lit, dans un Mé-
moire de l'Univerfité de Paris, contre le corps
de la Librairie de ladite ville, qu'on a fommé
plufieurs fois » juridiquement les Syndic & Ad-
» joints de repréfenter l'original de l'Edit du Roi
» pour le Réglement des Imprimeurs-Libraires, &
» Relieurs-Doreurs, regiftré en Parlement les 21
» Août & 7 Septembre 1686. Sur leur refus, &
» fur leur filence, on a feuilleté inutilement les
» Regiftres du Parlement ; enfuite on a prié, &
» même invité, par acte du 24 Décembre dernier,
» le fieur du Tillet, Greffier en chef, d'en don-
» ner des extraits, & il a déclaré, par acte du
» même jour, que les prétendus Réglements ne
» font point enregiftrés. B 3.

meur , ne pourra imprimer ou faire imprimer aucun Livre fans Lettres-Patentes fignées & fcellées du grand Sceau....
Ne pourront » lefdits Livres être im-
» primés qu'au lieu de la réfidence des
» Libraires ou Imprimeurs qui les au-
» ront obtenues (les Lettres du grand
» Sceau) , encore bien qu'ils en euf-
» fent cédé & tranfporté le Privilége ;
» & en cas de contravention , lefdits Li-
» vres imprimés hors du lieu de la ré-
» fidence de ceux qui en auront obtenu
» lefdites Lettres , pourront être impri-
» més , vendus & débités par tous les
» autres Libraires , comme s'il n'y avoit
» aucun Privilége accordé.

10 Août 1689. Edition de Paris de 1690.   Lettres-Patentes de Privilége accor-
dées à Jacques Morel , Libraire à Paris ,
pour l'impreffion des Mémoires de Puy-
fégur , &c. avec défenfes à toutes per-
fonnes d'imprimer , vendre & diftribuer
lefdits Mémoires , & ce , pendant le
temps de huit années , &c.

29 Sep-tembre 1690. Edition de Paris de 1691.   Lettres-Patentes de Privilége accor-
dées à Jean-Baptifte Langlois , pour
l'impreffion des Mémoires de Tavannes ,
avec défenfes à tous autres d'imprimer ,
vendre & diftribuer ledit Livre , *pendant le temps de huit années.*

Privilége du Roi.

Par lequel il eſt permis au ſieur Che-
villier de faire imprimer le Livre inti-
tulé : *L'Origine de l'Imprimerie de Paris,*
&c. & défenſes ſont faites à tous Impri-
meurs & Libraires de l'imprimer & le
vendre , *pendant l'eſpace de dix ans* ,
ſans ſon conſentement , ſur peine de
1500 liv. d'amende , &c.

8 Avril 1694.
Edition de Paris de 1694.

Lettres-Patentes de Privilége à Fran-
çois Muguet, pour les Œuvres de Gré-
goire de Tours , Frédégaire , &c. &c.
qu'il lui eſt permis d'imprimer , faire
imprimer & vendre , pendant le temps
de douze années conſécutives , pendant le-
quel temps il eſt fait défenſes très-ex-
preſſes à tous autres , &c. &c.

23 Mars 1697.
Edition de Paris de 1699.

Arrêt du Conſeil.

10 Avril 1725.

Le Roi étant informé qu'encore que
par les Réglements ci - devant faits
ſur le fait de la Librairie & Imprimerie ,
& notamment par celui du 28 Février
1723 , il a été pourvu à tout ce qui avoit
paru néceſſaire pour y maintenir le
bon ordre : cependant la négligence
de pluſieurs Libraires & Imprimeurs ,
& l'avarice de quelques-uns , ont donné

lieu à différents abus qui ont excité les plaintes du Public, & portent *un préjudice considérable au commerce des Livres d'impression de France dans le Pays étranger*; que même aucuns desdits Libraires, ayant obtenu permission de recevoir des souscriptions pour l'impression de quelques Ouvrages, n'ont pas satisfait aux engagements qu'ils ont pris avec le Public, soit pour le temps de la livraison de ces Ouvrages imprimés, soit pour la qualité du papier & des caractères dont ils ont dû se servir; *& d'autres n'ayant obtenu des renouvellements de Priviléges pour des Livres déjà imprimés, ne s'en sont servis que pour empêcher que d'autres Libraires ne pussent obtenir des permissions d'imprimer lesdits Livres, & pour augmenter le prix de ceux qui leur restoient des premieres Editions:* Et Sa Majesté voulant y apporter l'ordre nécessaire, pour maintenir dans son Royaume l'Art de l'Imprimerie dans toute la perfection dont il est susceptible, *procurer le bon marché des Livres, & sur-tout de ceux qui sont le plus à l'usage de tout le monde,* & faire observer par les Libraires les conditions portées par les Souscriptions qu'ils ont reçues, ou recevront ci-après, avec la fidélité qui eſt due au Public : Oui le rapport du *Sieur le Pelletier de Beau-pré*, Conſeiller du Roi, &c.

ARTICLE IV.

Seront tenus les Syndic & Adjoints de la Librairie de Paris, *de remettre dans un mois à M. le Garde des Sceaux, un état des Priviléges renouvellés depuis le premier Janvier 1718, pour des Livres dé-jà imprimés, & un état des Livres qui ont été réimprimés en conſéquence du renouvellement deſdits Priviléges, pour, ſur la vérification qui en ſera faite, étre les nouveaux Priviléges, dont on n'aura pas fait uſage, annullés, & en étre ac-cordé de nouveaux, ou de ſimples per-miſſions, ſuivant la qualité des Livres, à ceux qui feront leurs ſoumiſſions de les réimprimer promptement, & en confor-*mité du préſent Réglement. Fait au Conſeil d'Etat privé du Roi, &c.